AF498036

RÉPLIQUE

A M. le général de BLOIS

PAR L'AUTEUR DES OBSERVATIONS SUR SON OUVRAGE

INTITULÉ

DE LA FORTIFICATION

EN PRÉSENCE DE L'ARTILLERIE NOUVELLE.

Paris. — Imprimerie Cosse et J. Dumaine, rue Christine, 2.

RÉPLIQUE

A. M. le général de BLOIS

AU SUJET DE SA RÉPONSE INSÉRÉE AU SPECTATEUR MILITAIRE

(Nᵒˢ des 15 octobre, 15 novembre et 15 décembre 1867)

PAR L'AUTEUR DES OBSERVATIONS SUR SON OUVRAGE

INTITULÉ

DE LA FORTIFICATION

EN PRÉSENCE DE L'ARTILLERIE NOUVELLE

PARIS

LIBRAIRIE MILITAIRE

J. DUMAINE, LIBRAIRE-ÉDITEUR DE L'EMPEREUR

Rue et Passage Dauphine, 30

1868

RÉPLIQUE

A M. le général de BLOIS

PAR L'AUTEUR DES OBSERVATIONS SUR SON OUVRAGE

INTITULÉ

DE LA FORTIFICATION

EN PRÉSENCE DE L'ARTILLERIE NOUVELLE.

———

M. le général de Blois n'a pas tardé à faire une réponse aux *observations* que nous avons émises sur son
ouvrage. Cette *réponse* a été publiée dans les numéros
des 15 octobre, 15 novembre et 15 décembre 1867
du *Spectateur militaire*. Après en avoir pris une complète connaissance, nous nous sommes demandé s'il
fallait y faire une *réplique*. Quelques amis, que nous
avons consultés, ne la jugent pas nécessaire ; il leur a
paru : que, dans ce nouvel écrit, M. le général n'infirme aucune de nos *observations*, et qu'il n'a pas
même pris à tâche d'examiner à fond et avec suite
ceux de nos arguments qui ont le plus de précision
et d'importance ; que sa réponse ne présente d'ailleurs aucune considération nouvelle ; que le public,
préoccupé des questions les plus graves, ne peut aujourd'hui suivre avec intérêt de semblables débats ;
enfin, qu'on s'est suffisamment expliqué, de part et
d'autre, pour que les hommes compétents se soient fait

une opinion bien arrêtée ; de telle. sorte qu'il n'y a lieu désormais, ni d'espérer que l'on puisse faire changer d'avis ceux qui seraient restés séduits par les idées de M. le général de Blois, ni de craindre qu'il parvienne à dissuader ceux qui sont d'un avis opposé au sien.

Nous reconnaissons la justesse de ces observations. Nous n'avons pas la prétention de faire renoncer M. le général de Blois à ses opinions, encore moins celle de ramener à notre avis, en fait de fortification, MM. les ingénieurs étrangers. Mais, d'un autre côté, il nous est revenu : que notre petit écrit n'avait pas été sans utilité pour un certain nombre de nos jeunes camarades du génie ; que c'était avec plaisir qu'ils avaient lu , résumée en quelques pages, une partie des enseignements de leurs professeurs, et reconnu que les doctrines qu'ils en avaient reçues ne redoutaient, pas plus qu'aucune vérité, ce qu'on appelle *la lumière, le grand jour* de la discussion contradictoire.

On nous a assuré même, ce qui prouve en leur faveur, que beaucoup d'entre eux avaient vu avec satisfaction défendre victorieusement nos vieux ingénieurs contre des accusations injustes et prouver que *leurs anciens* avaient montré, à toutes les époques, autant d'intelligence que de bravoure. Le même esprit, les mêmes appréciations règnent heureusement dans tous les corps et parmi tous les militaires de notre armée, à l'égard de ceux qui les ont précédés dans la carrière ; et ce sont là de nobles et patriotiques sentiments qu'il faut encourager au lieu de les combattre,

car ils importent à la grandeur de notre pays. N'est-
ce pas, en effet, pour les nations surtout que noblesse
oblige, que l'avenir et le passé sont solidaires : que
la gloire des pères est le stimulant le plus puissant
pour porter les fils à de nouveaux, à de glorieux
triomphes ?

Sous l'influence de ces considérations, il nous a
paru que la réponse de M. le général de Blois pouvait
être l'occasion de quelques nouvelles observations
qui ne seraient peut-être pas sans utilité. Et puis, le
général nous a reproché d'avoir condamné en masse,
pour ainsi dire, toutes ses idées, toutes ses opinions,
quoique nous n'en ayons examiné qu'une partie. Mais,
nous l'avons dit, c'est qu'il était impossible, sans
lasser la patience du lecteur, de discuter tout le con-
tenu de deux gros volumes. Aujourd'hui, la même
difficulté ne se présente plus au même degré, parce
que la réponse qu'il s'agit de réfuter, et où l'on peut
supposer que l'auteur a condensé ses opinions, ne
contient tout au plus qu'une centaine de pages. Il y a
possibilité d'en faire un examen à peu près complet
dans un nombre de pages assez limité. C'est à cet
examen que nous allons procéder :

Nous entrons en matière en commençant par le
1er article, celui qui a été inséré dans le numéro du
15 octobre du *Spectateur militaire*.

Attaques dirigées contre les doctrines des officiers du génie
et contre le comité de l'arme.

Nous lisons (p. 27) : « Les observations que j'ai faites

« sur l'esprit d'isolement et de domination reproché
« jadis aux officiers du génie se rapportent à des
« hommes qui vivaient il y a cent ans. —J'ai toujours
« eu le plus grand soin de constater la supériorité des
« ingénieurs de nos jours sur leurs prédécesseurs, au
« point de vue de la science et du caractère.... » L'auteur ajoute (p. 28) qu'il faut faire une distinction entre les opinions de la masse des officiers du génie et
celles du comité des fortifications, attendu que ce comité devrait, pour représenter le corps des officiers,
être le *résultat de l'élection.* — On voit à quelles singula-
rités M. le général de Blois est conduit pour défendre
les idées qu'il a émises ; cette dernière, sans doute,
n'a pas besoin d'être combattue. Quant à son accusation, qu'il prétend n'être portée que contre les officiers qui vivaient il y a cent ans, nous répondrons en
rappelant cette assertion de son grand ouvrage, qu'il
maintient dans sa réponse : « *la France est d'un demi-*
« *siècle en retard dans l'art de fortifier les places.* » —
N'est-ce pas accuser, non-seulement les ingénieurs
qui vivaient il y a cent ans, mais aussi les officiers
actuels, pour n'avoir pas su regagner, effacer cet in-
tervalle d'un demi-siècle dont ils seraient en retard ?
En ce qui concerne l'accusation portée contre le comité des fortifications, nous ferons remarquer que ce
comité, si incriminé par l'auteur, ce comité, la cause
de tout le mal, de cet arriéré de 50 années, se com-
pose, depuis son institution, des généraux du corps
du génie assistés de quelques-uns de ses officiers les
plus distingués. Or, chacun sait que, dans ce corps,

pour parvenir aux grades élevés, il faut presque toujours, à la capacité, à l'instruction et au travail, qui
sont le partage de tous les officiers, avoir le bonheur
de joindre des services militaires importants. Il faut
considérer, en outre, que les membres du comité des
fortifications sont chargés, chaque année, des in-
spections générales, dans lesquelles, traitant les officiers qu'ils inspectent, plus en camarades qu'en
subordonnés, non-seulement ils tolèrent, mais ils pro-
voquent même, le plus souvent, des conversations,
des discussions sur toutes les parties du service de
l'ingénieur. Ces conditions n'offrent-elles pas une
double garantie : d'abord, contre l'abus des théories
purement spéculatives, à cause de l'expérience militaire des chefs qui sont appelés à les apprécier : en
second lieu, en faveur des progrès, des améliorations
qui peuvent chercher à se produire et qu'ils ont soin de
stimuler et de faire valoir, bien loin de les déprécier
et d'en entraver le libre développement ? C'est ainsi
qu'à l'époque de la Restauration, le comité du génie
s'est trouvé composé d'officiers éminents qui avaient
pris part à toutes les guerres, à tous les siéges de la
République et de l'Empire. Ce sont eux qui, forts de
leur expérience, de leur réputation, de leur capacité,
ont coordonné alors, en les améliorant. le service, les
doctrines et l'enseignement du corps du génie français. Est-il raisonnable, est-il possible d'admettre
qu'ils aient laissé ce corps un demi-siècle en arrière ?
Ah ! nous avons vécu dans une sorte d'intimité avec
quelques-uns d'entre eux et nous avons admiré sou-

vent comment, cherchant les contradictions plutôt que de les redouter, et bien loin de mettre la lumière sous le boisseau, ils savaient la faire jaillir avec éclat dans toutes les discussions, mettant au service de la raison un esprit et une verve malheureusement trop rares dans cette noble cause. S'ils pouvaient intervenir dans nos discussions actuelles, combien leurs adversaires d'aujourd'hui paraîtraient faibles devant eux !

Les pages 28 à 41 de l'article du 15 octobre sont consacrées, par M. le général de Blois, au développement de cette même idée : l'état arriéré de la fortification en France, par suite de l'influence fâcheuse du comité de l'arme, assertion dont il ne donne guère d'autres preuves que le témoignage de quelques ingénieurs français et étrangers.

« Il est une condition, dit-il (page 32), qui doit être
« nécessairement réalisée pour le développement du
« progrès dans les sciences et les arts, c'est la con-
« currence et la liberté. Or, cette double condition
« n'est point remplie dans tout ce qui relève du génie
« militaire. » Mais bientôt après (page 34) le général
ajoute : « Les remparts de forteresses, les édifices mi-
« litaires, sont des objets qui représentent des valeurs
« très-considérables ; les fautes qui seraient com-
« mises dans l'exécution de l'enceinte d'une place ou
« des ouvrages qui en dépendent, pourraient non-
« seulement grever le budget de dépenses improduc-
« tives, mais exercer une funeste influence sur le de-
« gré de résistance que cette fortification imposerait

« à l'ennemi. On voit donc combien il faut être pru-
« dent et circonspect dans un examen qui exige des
« connaissances spéciales et d'une nature toute déli-
« cate. »

Or, comment mieux remplir les conditions de pru-
dence et de circonspection reconnues nécessaires
pour un examen qui exige des connaissances spéciales, qu'en faisant examiner les projets de fortification par un comité qui est composé de la manière
que nous avons expliquée? Nous ajouterons que nos
ingénieurs militaires, qui forment un corps de près de
700 officiers éprouvés par des études sérieuses et difficiles, ont toute liberté, comme nous l'avons dit, de
présenter leurs idées. — Seulement, ces idées ne
peuvent prévaloir que si elles sont approuvées par
ceux qui sont leurs supérieurs en expérience militaire
et en instruction, aussi bien qu'en grade; mais c'est
là précisément la cause de certaines réclamations
dont on fait tant de bruit. Quelques-uns de ces ingénieurs, qui n'ont pu obtenir l'approbation de leurs
juges naturels, se confiant dans leur propre mérite et
loin de se tenir pour battus, en ont appelé au public,
qui n'a ni le loisir ni les données nécessaires pour bien
apprécier leurs griefs, et qui est porté à les accueillir
avec cette faveur qu'obtiennent presque toujours de
lui les inventeurs qui se plaignent d'un déni de justice avec le langage de l'amour-propre blessé et de la
passion.

Le général nous reproche d'avoir parlé de ces officiers avec peu de faveur et spécialement d'avoir dit

qu'ils avaient rompu avec les traditions de leur corps et les opinions de leurs camarades. Il prétend qu'ici le mot *traditions* signifie proprement *routine ;* que la solidarité entre camarades est sans doute un bon sentiment, dans les écoles surtout, mais qu'elle ne doit pas empêcher *celui qui en sait plus que ses collègues et que ses chefs, de tirer parti de la sagacité qu'il a reçue en partage et d'ouvrir une main pleine de vérités* (page 39). — Nous sommes de l'avis du général en ce qui concerne la liberté désirable dans l'expansion des idées ; mais nous ferons observer que si nos paroles, fort modérées d'ailleurs, comportent quelque blâme à l'égard de certains ingénieurs, ce n'est pas parce qu'ils ont émis des critiques et des idées dissidentes au sujet de doctrines admises par leurs camarades ; ce n'est pas parce qu'ils ont ouvert une *main pleine de vérités,* mais pour avoir montré une présomption exagérée, et surtout pour avoir mis de l'amertume et de la passion dans l'expression de leurs opinions.

Oui, nous croyons qu'il faut encourager les inventions nouvelles, mais qu'on ne doit les mettre en pratique que sous la condition d'un contrôle éclairé, du moins en ce qui concerne les choses qui intéressent la sûreté de l'État et l'économie de ses finances. Ce contrôle efficace, tel qu'il existe aujourd'hui, est le produit de cette centralisation puissante que nous devons aux vues élevées de nos gouvernements les plus capables et les plus énergiques, centralisation qu'il faut respecter, tout en la maintenant dans de justes limites ; car c'est elle qui a fait la force et l'*unité* de notre pays, *unité* que d'autres nations nous envient et qu'elles s'efforcent d'acquérir à leur tour.

Revenant à notre sujet, qui est l'état prétendu arriéré de la fortification en France, nous ferons remarquer, ainsi qu'on l'a vu par les développements qui précèdent, combien peu de créance mérite le témoignage de quelques ingénieurs français mécontents cités par le général. Quant à celui des ingénieurs étrangers, on nous permettra de le récuser absolument, car, malgré leur mérite, ils ne font certainement pas autorité en cette matière.

Il me semble d'ailleurs que M. de Blois lui-même n'a pas une entière confiance dans les appréciations des ingénieurs dont nous venons de parler, car ces messieurs nous accusent d'être en retard d'*un siècle et demi*, tandis que le général n'a dit qu'un *demi-siècle*. C'est au moins une grande modération de sa part.

Question du bombardement.
Opinion de Vauban.

M. le général revient ensuite à la question du bombardement. Il insiste d'abord (page 42) sur cette assertion de son ouvrage : que Vauban a changé d'avis dans ses dernières années, au sujet de ce qu'il avait appelé des *bombarderies inutiles*. Or, quelles preuves a-t-il données de ce prétendu changement? Il a parlé en premier lieu d'un projet pour le siége de Turin, en 1706, où Vauban dit : que, pour se maintenir dans le fort des Capucins, qui dominait la ville et dont il proposait de s'emparer d'abord, il faudra y placer des mortiers *pour tirer deux fois autant de bombes dans les maisons de la ville qu'ils en tireront aux Capucins. Quand ils auront connu cela, apparemment ils cesseront d'en tirer.* Vauban, dit notre contradicteur, montre par là qu'à cette époque il avait cessé de croire que *les bombes lancées contre les maisons des villes sont des projectiles perdus qui ne sauraient rien produire de favorable à l'assiégeant.*

Nous répondrons que Vauban ne nous semble pas du tout avoir changé d'opinion, car il n'avait jamais dit que les bombes tirées aux maisons ne pussent pas produire de grands dégâts, mais seulement qu'au lieu de faire contre les maisons des *bombarderies* généralement inutiles, il était plus avantageux, pour arriver à la prise de la place, d'employer les bombes contre les établissements de la défense. Il ne propose pas d'ailleurs, ici, de prendre la ville en tirant des bombes contre les maisons, mais il *espère* par là amener les assiégés à s'abstenir d'en jeter eux-mêmes dans le fort des Capucins, en considération du grave préjudice qui, s'ils le faisaient, en résulterait pour la population de la ville. La plupart de ceux qui ont vu la guerre de siége ont pu être témoins de ce fait : que le feu appelle le feu, et que quand il cesse d'un côté, il cesse également de l'autre, au moins pour un temps.

Le général cite ensuite un passage du mémoire dans lequel Vauban propose de fortifier la ville de Paris, où on lit : *qu'il n'y pas de ville en Europe où le bombardement lui paraisse plus à craindre... qu'on peut le considérer comme un moyen très-sûr pour la réduire à tout ce que l'on voudra avec une armée médiocre.... parce que ce serait un des plus grands malheurs qui pût arriver au royaume, dont il ne relèverait de longtemps et peut-être jamais.* Nous ferons observer ici que nos ingénieurs, lorsqu'ils ont fait le projet des fortifications de Paris, il y a 27 ans, ont été du même avis que Vauban, puisqu'ils ont proposé et fait admettre des forts destinés à garantir la ville des malheurs d'un bombardement ; puis nous ferons remarquer que Vauban, tout en parlant des dommages irréparables que les bombes pourraient faire dans la capitale, n'en conclut pas précisément qu'elles la forceraient à capituler ; et comme il dit d'ailleurs que c'est la ville en Europe où le bombardement est le plus à craindre, on ne peut en déduire que ce procédé lui paraît pouvoir être employé efficacement contre les autres villes. — Concluons que ces citations ne prouvent nullement que Vauban ait changé d'avis sur l'utilité du bombardement dans les guerres de siége, et qu'il ne le juge vraiment redoutable que contre la ville de Paris ou contre les grandes capitales.

Le général répète (page 47) que le vrai but de son ouvrage « a été de réveiller l'attention des hommes « spéciaux sur l'urgente nécessité de ces ceintures « de forts, qui forceront l'ennemi à entreprendre les « siéges réguliers de plusieurs de ces forts, avant de « pouvoir rien tenter contre la ville. — Il n'y a au- « cune contradiction entre les détails dans lesquels

« j'entre sur le bombardement, et cette phrase de
« mon livre..... que je n'ai ni le désir ni l'espoir de
« voir les Français recourir à l'emploi de ce terrible
« procédé..... qui présente toutes les apparences de
« *la cruauté, puisque sa mise à exécution fait tomber les*
« *rigueurs de la guerre sur des victimes que leur faiblesse*
« *rend dignes d'intérêt et de pitié.* —Mais si nos voisins
« les Anglais et les Allemands, qui ont toujours mon-
« tré un sentiment très-prononcé de prédilection
« pour les attaques incendiaires, tentaient, comme
« ils le firent en 1792 et 1793, de réduire une seule
« de nos places par ce moyen..... alors, nous en
« devons pas avoir le moindre scrupule à user de
« représailles envers leurs bourgeoisies, — cette
« conduite de leur part étant très-vraisembla-
« ble, etc. »

Sur la prédilection des étrangers pour les attaques incendiaires.

Le général ne présente ici aucun argument nouveau et n'infirme aucune de nos *observations*. Nous
ferons remarquer, en outre, que si les étrangers ont
employé parfois le procédé du bombardement, c'est
seulement contre un bien petit nombre de nos places,
et cela au début des guerres de notre grande révolution ; que s'ils se sont crus autorisés à user les premiers de ce moyen barbare, c'est parce qu'ils consi-
déraient, à cette époque, les habitants des villes at-
taquées comme des sujets révoltés qu'on avait le
droit de châtier. Or, l'emploi de ce moyen ayant donné

lieu bientôt après à de vives représailles et n'ayant pas procuré d'ailleurs tous les avantages espérés. les étrangers ne jugèrent plus à propos d'y recourir plus tard.

N'est-il pas singulier de voir notre contradicteur s'appuyer, pour prouver les avantages de la méthode du bombardement, sur l'emploi qui s'en fit dans le commencement des guerres de la révolution, tandis que les belligérants eux-mêmes eurent si peu à s'en applaudir, qu'au lieu de persister dans ce mode d'attaque, ils s'abstinrent généralement de l'employer dans la suite de ces mêmes guerres ?

Le siége par bombardement est, nous le répétons, un procédé barbare repoussé par nos mœurs, et, comme l'expérience l'a prouvé, le plus souvent inefficace. Le général le qualifie lui-même sévèrement dans la citation que nous avons rapportée plus haut, en disant : « qu'il a *toutes les apparences de la cruauté en* « *ce qu'il fait tomber les rigueurs de la guerre sur des* « *victimes que leur faiblesse rend dignes d'intérêt et de* « *pitié.* »

Nous n'avons aucun sujet de supposer que les étrangers aient la *prédilection* que leur attribue M. de Blois pour les attaques incendiaires, pour ce procédé empreint de *cruauté* dont il reconnaît que nous ne devons pas donner l'exemple ; nous sommes persuadé qu'ils n'acceptent pas cette imputation, d'autant que leurs ingénieurs, qui, suivant cet officier général, nous seraient si supérieurs, sont certainement en état de mettre en œuvre, dans l'attaque des places, les méthodes dont l'expérience a constaté l'efficacité. La crainte des bombes, dit le général, *est le commencement de la sagesse* ; leur emploi contre les maisons n'est, le plus souvent, dirons-nous, qu'un aveu d'incapacité et d'impuissance.

Dans l'avenir, comme dans le passé, quand il s'a-gira de places bien fortifiées et bien défendues, ce n'est pas par la destruction des maisons qu'on cherchera à s'en emparer, mais en ruinant les défenses de leurs remparts ; ce n'est pas en frappant une population inoffensive, mais en s'efforçant de joindre, de déposter, et, s'il le faut, de combattre corps à corps ceux qui se défendent les armes à la main, ainsi que nous l'avons fait tant de fois, et récemment à Rome et à Sébastopol.

Quant aux ceintures de forts, nous l'avons dit déjà, nos ingénieurs n'ont attendu ni l'opinion des ingénieurs étrangers ni celle de M. le général de Blois pour en établir autour de nos places les plus importantes. Mais nous ferons, à ce sujet, une observation : c'est que ces forts n'ont pas spécialement pour objet (dans la plupart des cas) de préserver des boulets et des bombes les maisons des habitants, mais d'en garantir les établissements militaires, tels que les magasins et les arsenaux, de tenir ou de maîtriser des points dont l'occupation de prime abord par l'ennemi serait trop préjudiciable aux intérêts de la défense ; d'assurer l'établissement des camps retranchés sous les places ; enfin et surtout d'empêcher les batteries de l'assiégeant d'ouvrir, par le tir à longue portée, des brèches

praticables au corps de la place. C'est la nécessité de
se précautionner contre les nouveaux effets du tir qui
fait aujourd'hui la principale préoccupation de nos
ingénieurs, et on ne peut reprocher à leurs prédécesseurs de n'y avoir pas songé, puisque avant l'invention de la nouvelle artillerie, on ne pouvait, au delà
de 7 à 800 mètres, ouvrir des brèches praticables
dans les murs terrassés. Ce sont les procédés de l'attaque qui font la loi de la défense, et celle-ci, pour
combiner ses moyens, est obligée d'attendre que l'attaque ait formulé les siens.

Parcs de siége et armement des places.

M. le général nous accuse ensuite, avec insistance
et longuement (pages 51 à 55), de vouloir absolument, et cela dans un esprit de corps, restreindre,
tant les équipages de siége que les armements des
places fortes. Ceux qui nous ont lu ont pu constater
que nous n'avons aucune prétention à cet égard. —
Nous avons rappelé seulement ce fait d'expérience,
en ce qui concerne les siéges, que le plus souvent, il
avait été bien difficile de réunir et d'amener devant
les places à assiéger le matériel strictement nécessaire, d'où nous avons inféré : que c'était un motif
pour ne pas élever les demandes, quand il s'agit de
composer les équipages de siége, dans une mesure
qui puisse sembler exagérée. Nous avons ajouté que,
par suite de ces considérations, ces demandes avaient
été réglées généralement d'après l'expérience des

siéges précédents, en tenant compte, bien entendu, des conditions nouvelles dans lesquelles pouvaient se trouver les places que l'on avait en vue d'assiéger, car il doit être bien entendu que si la place elle-même est mieux pourvue, l'équipage de siége doit l'être en proportion. Comment peut-on voir une prétention qui nous soit personnelle dans ces considérations qui résultent de l'expérience, de la force des choses et de la raison?

Quant à l'armement des places, nous avons dit qu'il convenait de se rapprocher des données de Vauban plutôt que des chiffres exagérés proposés par Montalembert et adoptés par M. le général de Blois (1). Cela ne veut pas dire que nous ne fassions pas de cas d'un armement considérable, mais qu'il faut éviter tout excès, soit par raison d'économie, parce que c'est une mesure dont les avantages ne seraient pas proportionnés à la dépense, soit parce que l'ennemi, comme nous l'avons dit, augmente toujours ses moyens de manière à se rendre supérieur à l'assiégé. Si nous sommes bien informé, les fixations modérées récemment proposées par les nouvelles commissions mixtes d'armement (commissions composées d'officiers d'artillerie et d'officiers du génie), nous donnent complétement raison à cet égard.

(1) M. de Blois, nous l'avons dit, demande 356 bouches à feu pour un carré, 372 pour un hexagone, 708 pour un dodécagone, etc.

Faits historiques relatifs au bombardement.

Le général revient sur quelques-uns des faits historiques qu'il a cités, et finit par dire (page 62) qu'il a
peut-être eu tort de rapporter tant d'exemples : que
ceux des trois places de Maëstrecht, Magdebourg et
Valence lui suffisent pour reconnaître le *germe d'une
complète révolution* dans l'art d'attaquer les places et,
par suite, dans l'art de les défendre.

Nous avons reconnu que la prise de Maëstrecht, en
1794, avait été accélérée par l'emploi des moyens incendiaires. Quant aux attaques de Magdebourg, en
1806, et de Valence, en 1812, ces places, nous l'avons
fait remarquer, étaient précisément dans le cas
prévu, indiqué par nos programmes de l'école de
Metz, où il y a lieu d'essayer l'effet de quelques bombes et de quelques obus, *de sonder le terrain*, comme
dit M. le général. Magdebourg était sous l'influence
d'un profond découragement qui résultait pour les
Prussiens du désastre de leur armée à Auerstaedt et
à Iéna. Valence était comme encombrée par une
foule de paysans armés et par une armée battue qui
venait de s'y réfugier. Donc, de ces trois exemples,
un seul, celui de Maëstrecht, est favorable à la thèse
que soutient notre contradicteur, celle du bombardement, comme moyen à employer dans les siéges.
Mais, ainsi qu'il en avait eu la pensée d'abord, ne
faudrait-il pas justifier l'emploi à faire de ce procédé
par un nombre suffisant d'exemples, et prouver qu'il
a été le plus souvent suivi du succès ? Or, nous qu'il

a appelé sur ce terrain, nous avons constaté que sur 66 places assiégées pendant les guerres de la révolution, 9 seulement ont été prises par l'effet des moyens incendiaires. Le général dit que les exemples, auxquels il croit devoir se borner aujourd'hui, *sont le germe d'une complète révolution dans les siéges.* Quand un *germe* est aussi longtemps avant de croître et de se développer, on peut bien croire qu'il ne produira jamais aucun fruit.

M. de Blois dit (page 49) que nous différons avec lui sur la manière d'exécuter le bombardement, tandis que nous n'avons pas donné d'avis à ce sujet; puis il ajoute (page 51) que nous ne voulons entendre parler de bombardement à aucun prix (allégation qui semble contradictoire avec celle qui précède), tandis que nous n'avons blâmé le bombardement que comme moyen habituel d'attaque contre les places.

Accusations contre les officiers du génie du premier Empire.

« On m'a certainement mal compris, dit le général
« (page 59), si l'on a cru qu'en parlant de la guerre
« d'Espagne, j'avais voulu exalter aux dépens de nos
« ingénieurs l'habileté supérieure des Anglais pour
« toute espèce de siéges... » Mais que signifient
donc ces phrases que nous avons déjà citées : « Les
« Anglais firent preuve de connaissances plus éten-
« dues que les nôtres dans l'art d'attaquer les pla-
« ces..... C'est évidemment sur l'instruction incom-
« plète et erronée de l'école de Mézières, continuée

« aux élèves de l'école de l'artillerie et du génie à
« Metz, que doit porter la mauvaise direction donnée
« à cette fatale guerre (d'Espagne)... Napoléon juge
« sévèrement la marche qu'on lui a imprimée ; les
« intérêts du corps du génie se sont ici trouvés en
« opposition avec les intérêts généraux de l'Etat, et
« ces derniers ont eu le dessous. »

Certes, il est difficile de porter une accusation plus grave et plus injuste contre un corps d'officiers dont il était d'ailleurs impossible de contester la bravoure, et l'on ne comprend pas comment, pour l'appuyer, son auteur a été jusqu'à tronquer, ainsi que nous l'avons fait voir, un passage des Mémoires de Napoléon. En présence de l'honorabilité bien connue de notre contradicteur, on ne peut expliquer ce procédé de sa part que par l'influence d'un parti pris, tellement exclusif, qu'il ne lui a laissé apercevoir, dans le passage dont il s'agit, que les quelques mots qui lui semblaient favorables à son opinion, tandis que ceux qui suivent prouvent précisément le contraire, puisqu'ils attribuent notre insuccès aux fautes de stratégie, aux manœuvres et à l'inactivité de nos généraux. N'avons-nous pas d'ailleurs réfuté victorieusement toutes les accusations relatives aux siéges d'Espagne ? N'avons-nous pas montré que si les Anglais ont enlevé, plus promptement que nous ne l'avions fait avant eux, les places de Ciudad-Rodrigo et de Badajoz, cela a tenu principalement à l'insuffisance des garnisons françaises que nous y avions laissées ?

N'est-il pas évident que l'emploi de ces colonnes d'assaut, lancées de loin et à découvert pour assaillir les brèches, dénote l'enfance ou même l'absence de l'art? Que si un pareil procédé a réussi aux Anglais à Ciudad-Rodrigo et à Badajoz, il leur a occasionné de graves échecs à Burgos, à Saint-Sébastien même (dans un premier assaut) et encore de nos jours à Sébastopol?

« Si les Français (ajoute le général) se fussent
« trouvés en Espagne dans la position de Wellington,
« eussent-ils abandonné leurs attaques régulières
« pour des procédés plus rapides qu'ils ne connais-
« saient pas ? Une *inspiration divine* eût pu la révéler
« à nos ingénieurs..... » Mais, il n'est pas d'assié-
geant un peu hardi qui, s'il est pressé par le temps, ne cherche à s'emparer des places par des attaques brusquées. Il n'est pas besoin pour cela d'*inspiration divine*. Ce n'est pas à nos Français que la hardiesse a jamais manqué pour tenter ces chanceuses entreprises, dans lesquelles ils ont souvent réussi et quelquefois échoué ; témoin les vigoureux assauts de Saragosse, de Gérone et de tant d'autres places.

Mémorial de Sainte-Hélène et Mémoires de Napoléon.

Emploi des casemates.

Le général dit que nous avons mal à propos élevé des doutes sur l'authenticité des opinions attribuées à l'Empereur dans le *Mémorial de Sainte-Hélène*.—Nous avons voulu dire seulement que les *Mémoires de Napo-éon*, écrits sous sa dictée, revus et corrigés de sa main, devaient inspirer plus de confiance, en ce qui concerne les choses militaires, que le *Mémorial*, et cette assertion nous semble incontestable. Nous reconnaissons d'ailleurs, avec le *Mémorial* et les *Mémoires*, la grande utilité des abris casematés dans les places fortes. M. de Blois blâme nos ingénieurs (page 61) de n'en avoir pas fait usage dans les constructions des enceintes de Paris et de Toulon. Nous répondrons que c'est par motif d'économie qu'elles n'ont pas été employées partout dans ces grandes places, où leur emploi a été jugé peu utile d'ailleurs, en raison de l'existence des forts détachés qui doivent tenir l'ennemi éloigné de leurs enceintes.

M. le général de Blois dit encore (page 68) qu'il faut s'abstenir de passionner le débat. Nous sommes de son avis, et nous séparons soigneusement ses intentions, qui sont sans doute très-bonnes, de ses opinions, qui nous paraissent aussi mal fondées qu'elles sont agressives. Il se plaint de ce que nous les ayons qualifiées en masse d'*erronées* et de *paradoxales*, quoique n'en ayant discuté qu'une partie. — Nous répondrons que, ne pouvant le suivre dans toute l'étendue de son ouvrage, nous avons voulu éviter cependant que l'on ne considérât notre silence, notre réserve comme une approbation ; et le général nous rendra cette justice, nous l'espérons du moins, que nous avons eu soin de réunir, pour les combattre et les réfuter, ses principales argumentations, ses idées les plus importantes. D'ailleurs, l'examen auquel nous nous livrons maintenant comblera sans doute, en grande partie du moins, les lacunes qu'il reproche à notre premier écrit.

M. le général de Blois nous blâme d'avoir gardé l'anonyme. « Pourquoi, dit-il, avez-vous baissé votre « visière en descendant dans l'arène ?... Rien ne « vous empêche, comme moi, de donner à vos opi- « nions l'autorité de votre signature. — Prenons « hardiment la responsabilité de nos œuvres et lut- « tons à visage découvert ; nous y gagnerons tous, car « c'est le moyen, en nous respectant mieux nous- « même, de faire preuve d'urbanité et de courtoisie « à l'égard de nos adversaires. »

Notre principale raison pour garder l'anonyme a été d'abord le peu de mérite personnel que nous devons attacher à la composition de notre petit écrit, car il n'est que l'expression des doctrines admises dans le corps du génie français. Et puis, nous l'avions entrepris sans l'intention de le publier, dans le seul but de montrer à quelques-uns de nos jeunes camarades que leurs anciens n'étaient pas tels qu'on se plaisait à les représenter. Enfin, nous n'avons voulu donner à nos arguments d'autre autorité que celle de la logique et du bon sens.

M. le général a écrit un gros ouvrage ; il a émis des opinions paradoxales, erronées ou fort exagérées ; il a blessé le corps du génie tout en protestant de ses bonnes intentions ; il a dû signer son livre. — Nous, au contraire, nous n'avons attaqué aucun corps, ni même aucune individualité ; nous n'avons fait que défendre nos doctrines et ceux qui les ont pratiquées ;

nous avons eu soin de ne nous écarter en aucune façon des règles de l'urbanité et de la courtoisie. Nous n'avons pas cru qu'il fût nécessaire, qu'il fût utile de lever, pour le public, le voile transparent qui ne saurait nous cacher aux personnes les plus intéressées dans le débat.

Nous croyons avoir répondu complétement aux assertions de l'article inséré au *Spectateur* du 15 octobre, et nous allons examiner les articles qui se trouvent dans les numéros des 15 novembre et 15 décembre du même journal militaire.

Encore la question du bombardement.

Ces articles semblent spécialement destinés à traiter de la fortification polygonale ; cependant l'auteur y revient encore à plusieurs reprises, par suite sans doute de sa prédilection toute paternelle sur l'emploi du bombardement, et nous allons nous en occuper tout d'abord, pour tâcher d'en finir avec ce procédé.

M. le général (nº du 15 novembre, page 222), admettant que l'assiégeant a entrepris ce qu'on appelle un siége régulier et reconnaissant qu'il peut rencontrer, dans l'exécution des attaques rapprochées, de grandes difficultés, lui propose, pour s'y soustraire, de s'appliquer alors à la destruction des maisons et de les *transformer en un monceau de décombres*. C'est sa solution favorite, sa solution unique, bonne à la fin ainsi qu'au commencement du siége ; la destruction universelle, autant que possible, les rigueurs de la guerre *tombant sur des victimes que leur faiblesse rend dignes d'intérêt et de pitié.* — Nous croyons, quant à nous, et c'est d'ailleurs aussi l'opinion de M. le général, qu'il vaudrait encore mieux essayer de ce moyen tout d'abord, en arrivant devant la place, que de faire en quelque sorte un aveu d'incapacité, en n'y ayant recours que tardivement et parce qu'on ne sait plus comment surmonter les difficultés dans lesquelles on s'est engagé. Ce n'était pas la peine de tant s'avancer, pour en venir à la destruction des maisons, et cette variation dans l'emploi des moyens accuserait une impuissance qui serait propre à soutenir, à relever le courage des assiégés, en leur faisant espérer de voir triompher leur résistance, après une dernière épreuve qui semblerait entreprise en désespoir de cause.

Dans le numéro du 15 décembre (page 371) M. le général nous blâme d'avoir dit que son procédé de *sonder le terrain*, aussitôt qu'on arrive devant une place, en faisant tomber dans son intérieur un grand nombre de projectiles creux, n'était acceptable que s'il y avait un espoir motivé d'obtenir ainsi une prompte capitulation; il dit qu'en bonne morale, si le bombardement est digne de réprobation, ce n'est pas le succès qui peut en changer le caractère. Mais, en vérité, ce n'est pas là une argumentation sérieuse. Nous avons blâmé le bombardement, comme étant un moyen peu efficace contre les places fortifiées, et peu en rapport avec la civilisation actuelle, lorsqu'on cherche à le pousser jusqu'à ses dernières limites qui seraient la destruction entière des habitants d'une ville. Mais nous avons pu, sans aucune inconséquence, admettre que l'on puisse jeter dans une place quelques bombes et quelques obus, comme cela s'est pratiqué souvent, lorsqu'il y a lieu d'espérer par là une prompte capitulation ; il ne s'agit, pour ainsi dire ici, que d'un acte comminatoire. Bientôt après, l'auteur, qui vient de nous accuser si injustement d'admettre *que la fin justifie les moyens,* trouve que c'est très-mal de bombarder une ville comme les Espagnols l'ont fait à Valparaiso, lorsque ce n'est pas pour *s'en emparer.* — Dans le cas contraire, lorsque c'est dans la bonne intention de prendre la ville, c'est chose louable que d'en faire un monceau de décombres.

M. le général, après nous avoir reproché ironiquement (pages 377 et suivantes) les ménagements que nous sommes d'avis de garder vis-à-vis des populations civiles, nous fait observer que nous commettons une grave inconséquence, en admettant que l'on tire des bombes ou des boulets incendiaires contre les magasins à poudre, car si l'on déterminait l'explosion d'un de ces magasins qui ne fût pas évacué, comme cela est arrivé à Almeida, dans la guerre d'Espagne, on causerait ainsi la destruction d'une partie de la ville. Cela est vrai ; mais nous demandons à notre contradicteur si, dans son système, il s'abstiendra de jeter des bombes du côté des magasins à poudre. — Nous ajouterons : que nous n'avons pas prescrit le bombardement de ces magasins ; nous avons seulement constaté ce fait : qu'il est impossible d'empêcher l'assiégeant de tirer à ces magasins, s'il les aperçoit, attendu que c'est le droit de la guerre de chercher à détruire les moyens et les ressources de l'ennemi. Il en résulte, pour celui-ci, l'obligation de prendre toutes les mesures nécessaires pour les préserver, et c'est lui qui sera responsable des malheurs qui pourraient résulter de sa négligence ou de son défaut de précautions. Nous n'avons pas cru pouvoir demander qu'on s'abstînt de tirer aux magasins à poudre ; est-ce une raison pour que nous trouvions bon et convenable ce moyen d'attaque des places qui ne consisterait plus que dans la destruction des maisons des habitants ?

Le général, supposant qu'il a le commandement de l'armée chargée du siége d'une place, expose son procédé d'attaque comme il suit (page 375) : « Je « sommerai les autorités civiles et militaires d'ouvrir « les portes de la ville, déclarant qu'en cas de refus, « *je vais la réduire en cendres et exterminer tous les ha-* « *bitants jusqu'au dernier*..... Mon feu durera nuit et « jour et ne cessera que lorsque la place aura pris « le parti de se rendre...... Ou je me trompe fort, « ou la ville que j'assiége aura succombé dans quel- «ques jours et longtemps avant la chute de la der- « nière bombe..... »

Nous répondrons qu'aucun général, fût-ce M. de Blois, ne fera une sommation conçue dans de pareils termes ; et que, s'il le faisait, personne ne le prendrait au sérieux, ni du côté des assiégés ni de celui des assiégeants. On ne pourrait faire la guerre de cette manière, à l'époque où nous vivons, sans être mis au ban de la civilisation. Si vous remontez ainsi vers les temps de barbarie, pourquoi ne faites-vous pas revivre un ancien procédé bien plus simple qui consistait à amener devant la place des otages, autant que possible les parents ou les amis des principaux assiégés, et à menacer de les pendre à la vue des remparts, si la ville ne consentait pas à ouvrir ses portes ! (1)

Après tout ce que nous avons dit au sujet du bombardement, nous croyons, pour éviter des répétitions fastidieuses, devoir nous en tenir à cette dernière observation.

(1) Dans l'antiquité, comme aujourd'hui chez les sauvages, les populations vaincues étaient mises à mort ou réduites en servitude. Plus tard, on s'est contenté de les dépouiller ; puis le pillage a été réglementé et limité : on a considéré comme un grand bienfait une ordonnance de Henri IV de 1590, qui en limitait le temps à 24 h. et faisait défense de *faire aucun effort ou violence dans les églises ou les monastères.* Plus tard, le pillage cessa d'être autorisé chez les nations européennes, bien qu'on parvînt difficilement dans les guerres de maison à empêcher tous les excès. — On s'est borné ensuite, comme dans les guerres de l'Empire, à nourrir, comme on disait, la guerre par la guerre, en imposant largement les populations vaincues. Enfin, de nos jours, on en est venu à ménager ces populations, au point de ne pas leur demander beaucoup au delà de ce qu'elles payent à leur propre gouvernement. Par suite, la guerre deviendra le plus souvent onéreuse pour tous, même pour les vainqueurs : résultat dont l'humanité et la civilisation ne peuvent que s'applaudir.

Nous n'avons plus maintenant à nous occuper que de la partie de articles des 15 novembre et 15 décembre qui traite de la fortification et des ingénieurs militaires.

Rôle des officiers d'artillerie.

Dans l'article du 15 novembre, le général débute par se plaindre du rôle secondaire que jouent les officiers d'artillerie dans l'établissement et dans l'exécution des projets de fortification. Mais, puisqu'il y a en France, comme dans tous les autres pays, un corps qui est spécialement chargé de cette partie du service de l'Etat, il faut bien que les officiers de ce corps aient, sous l'autorité du Ministre de la guerre, l'initiative et l'indépendance nécessaires pour engager, pour motiver leur responsabilité. — Dans les choses importantes qui exigent de la suite et une bonne exécution, une fois les principes posés, rien n'est plus préjudiciable au résultat, après l'incapacité des agents qui sont chargés du travail, que leur défaut d'accord et leur irresponsabilité. Certes, en ce qui concerne la fortification, on doit reconnaître l'importance du service de l'artillerie, de cette arme qui est également puissante pour la défense et pour l'attaque; mais n'a-t-on pas convenablement pourvu à la légitime influence qui lui revient, en donnant aux officiers des deux armes une instruction commune, en appelant les généraux de l'artillerie, concurremment avec ceux du génie, à la rédaction des programmes et à l'inspection de l'école de Metz, et enfin en instituant des commissions mixtes pour déterminer l'emplacement et la contenance des magasins à poudre, ainsi que pour régler la question si capitale de l'armement des places ? Il n'est pas possible d'appeler à la rédaction des projets de fortification d'autres officiers que ceux qui en ont la responsabilité et qui doivent être chargés de l'exécution. Que diraient les officiers d'artillerie, si les officiers du génie voulaient intervenir dans la construction des bouches à feu et dans celle des nombreuses parties de leur immense matériel ? Il faut que chacun fasse son métier.....

Sur M. de Montalembert.

M. de Blois fait ensuite l'éloge du marquis de Montalembert, dont le génie, à ce qu'il assure, a rempli d'admiration les ingénieurs étrangers. Il mérite, ajoute-t-il, « d'être considéré comme le plus grand artilleur de « son siècle, puisque Napoléon appartient au nôtre. » Cet officier général, qui a publié, avant la Révolution, un volumineux ouvrage sur la fortification, a eu au moins le mérite de la persévérance et d'un travail opiniâtre. Or, tout travail assidu et prolongé de la part d'un homme de capacité et d'expérience, ne laisse pas que de produire quelques résultats utiles.—Il y a lieu de faire observer, toutefois, que la première et principale combinaison de cet officier général, celle qui a motivé le titre de son ouvrage intitulé : *la For-tification perpendiculaire,* consiste dans un système continu de redans qui se coupent à angles droits, de manière que tout est *flanc* dans le corps de place même ; tandis que, plus tard, dans sa *fortification polygonale,* son enceinte ne porte plus aucun flanc. Une variation si capitale n'est pas propre à inspirer beaucoup de confiance dans le mérite de ses systèmes. Voyons quelles sont encore les raisons que M. de Blois allègue en faveur de sa fortification polygonale et contre le tracé bastionné.

(Numéro du 15 novembre, page 220.) « Le front « bastionné présente un défaut complet d'équilibre « entre la défense à grande distance et la défense « rapprochée. La première y est sacrifiée à la « seconde. » L'assiégeant « n'éprouvera devant « ce front aucune difficulté sérieuse à imposer « silence aux canons des remparts (page 221). C'est « dans cette facilité d'extinction des feux d'artillerie « de la défense, dès les premiers jours de siége, que « consiste le vice capital du tracé bastionné..... Les « ingénieurs chargés de défendre la place bastion-« née se sont bientôt résignés à la perte inévitable de « leur artillerie et se réjouissent à la pensée que les « ennemis vont sans tarder se rapprocher de la zone « du génie où ils sont exterminés en détail. Mais cette « espérance sera bien souvent trompée..... Les in-« génieurs étrangers répudièrent à l'unanimité le sys-« tème français et adoptèrent celui de Montalembert, « pour être en mesure de se défendre de loin comme

« de près, à l'aide d'une formidable artillerie (page
« 224). »

Nouvel examen de la fortification polygonale.

Nous avons répondu et nous repondrons de nouveau que, sans dédaigner, pour la défense, l'emploi
d'une nombreuse artillerie, contre les travaux éloignés
de l'assiégeant, lorsque la place en est abondamment
pourvue ainsi que de moyens correspondants, en approvisionnements et en personnel, nos ingénieurs ont
dû reconnaître l'impossibilité , avec les procédés
employés jusqu'à ce jour, d'empêcher ou même de
retarder considérablement ces travaux, y compris ceux
de l'établissement des batteries, lorsque de son côté
l'assiégeant dispose de ressources suffisantes, et cela,
quel que soit le tracé de la fortification. C'est là un fait
d'expérience bien des fois constaté, et dont on peut
se rendre compte facilement si l'on considère que les
travaux de tranchées ainsi que ceux des batteries s'exé-
cutent de nuit, et que le succès de leur exécution aux
grandes distances tient à ce qu'ils ne sont ni vus,
ni entendus par l'assiégé. Il résulte de ce fait
incontestable que ce n'est point pour accomplir la
tâche impossible d'empêcher ou même de beaucoup
retarder les travaux éloignés, mais en vue surtout d'augmenter les difficultés que présente l'exécution des
travaux rapprochés, qu'il convient de combiner le
tracé et l'organisation de la fortification des places.
C'est le but que nos ingénieurs ont toujours cherché

à atteindre, et M. le général de Blois trouve lui-même qu'ils y sont assez bien parvenus, puisqu'il prétend éviter, par l'emploi du bombardement, d'avoir à se présenter sur ce qu'il appelle *la zone du génie*. M. le général, suivant les idées de Montalembert, n'estime la valeur d'une fortification que d'après le nombre de bouches à feu qu'elle pourrait opposer aux travaux éloignés, et il dit (page 226) que le front bastionné ne peut recevoir au delà de 420 pièces tirant contre la campagne (1), tandis que sur le front polygonal, on en pourrait établir 860, c'est-à-dire plus du double. Quoique nous soyons loin, comme on l'a vu d'après ce qui précède, d'estimer autant que le font les partisans de Montalembert, l'avantage de pouvoir mettre un très-grand nombre de pièces en batterie sur les remparts, nous ferons remarquer que le calcul comparatif de M. de Blois ne semble pas exact, en ce qu'il s'abstient d'armer la courtine du front bastionné, tandis qu'il arme la partie centrale du front polygonal, quoiqu'elle soit masquée par la saillie du couvre-face, comme la courtine l'est par la demi-lune. Il argumente sur la différence des reliefs qui serait plus prononcée dans le tracé polygonal ; mais rien n'empêcherait d'adopter une différence analogue pour le tracé bastionné, entre la courtine et la demi-lune, si l'on y trouvait de l'avantage ; tandis que, tout au contraire, nous jugeons ordinairement préférable de

----

(1) 420 pièces pour un seul front, c'est déjà un nombre plus que raisonnable.

moins exposer la courtine, afin de mieux conserver
ses feux pour les dernières périodes du siége. Nous
ajouterons enfin que, dans l'école française, la demi-
lune n'est pas l'attribut, le complément nécessaire du
front bastionné, mais un accessoire dont il y a lieu de se
dispenser souvent, surtout pour les forts et pour des po-
lygones d'un petit nombre de côtés ; quelquefois aussi
pour les grandes places, comme à Paris par exemple.
Ainsi, quand on compare le tracé polygonal et le
tracé bastionné, il faut, dans un grand nombre de
cas, faire abstraction des ouvrages extérieurs, et alors
il devient évident, comme nous l'avons montré, que
celui-ci peut recevoir autant d'artillerie que l'autre.

Impossibilité d'empêcher la construction et l'action des batteries
de l'attaque.

Quoi qu'il en soit, on voit que la grande dissidence
entre les partisans de l'école française et ceux de Montalembert, consiste en ce que les premiers ont reconnu l'impossibilité d'empêcher l'établissement et
l'action des batteries de l'attaque, tandis que les derniers, et M. de Blois avec eux, comptent s'opposer
avec succès à la construction même de ces batteries,
ou les réduire au silence avec l'artillerie de la place.
Or, rien n'est plus facile que de bien éclairer la question réduite à ces simples termes.

En effet, en raison de la portée et de la précision
actuelles du tir de l'artillerie, les grandes batteries
de l'attaque s'établiront, sans doute, soit dans la première parallèle, soit même baucoup plus loin, suivant

la convenance du terrain ; elles seront entreprises toutes en même temps, et l'expérience prouve qu'à ces distances, l'assiégé ne peut en empêcher l'exécution. Toutes ces batteries vont donc ouvrir leur feu à la fois et donner le signal de ce combat d'artillerie qui a lieu, dans tous les siéges, entre l'assiégeant et l'assiégé. Lequel des deux aura l'avantage dans cette lutte ? Ce ne peut être que l'assiégeant, s'il a un nombre de pièces suffisant, et si elles sont bien placées de manière à ricocher, à plonger d'enfilade toutes les parties de la place qui ont vue sur les attaques, ou à combattre directement celles qu'on ne pourrait pas ricocher. Et pendant ce combat d'artillerie, les tranchées chemineront et s'avanceront, sans grandes difficultés, jusqu'au pied du glacis. L'assiégé, quoi qu'en dise M. le général de Blois , ne pourra point raser les batteries de l'attaque, parce qu'il aura affaire à toutes à la fois et qu'en outre il lui faudra bientôt compter avec le feu des tirailleurs embusqués. C'est toujours ainsi que les choses se sont passées, et nous ne comprenons pas qu'il puisse y avoir le moindre doute à cet égard. L'attaquant a, quand il le faut, plus de pièces que l'assiégé ne peut lui en opposer ; il a l'avantage d'occuper des positions enveloppantes qui lui permettent de concentrer ses feux, tout en disséminant ses batteries ; il doit avoir le dessus. L'exemple du siége de Sébastopol ne peut que confirmer cette opinion, bien loin de l'infirmer ; car, malgré l'insuffisance de notre artillerie au commencement de ce siége , malgré son agglomération primitive sur un seul plateau, elle put ouvrir et continuer son feu, sinon avec un succès complet, du moins sans beaucoup d'interruptions, et permettre à nos tranchées de s'approcher de la place.

A la vérité, on n'a pas encore fait le siége d'une place *polygonale*, et M. le général de Blois dira sans doute que, pour celles-là, les choses se passeraient tout autrement. Mais quelles raisons allègue-t-il en faveur de cette assertion? Il dit (page 231) que l'emplacement de la batterie destinée à ricocher le front polygonal d'attaque sera plus rapproché du front collatéral que dans le système bastionné, et que, par suite, cette batterie pourra être facilement rasée par les feux de ce front. Mais, est-il besoin de répéter que cette batterie ne commencera pas son feu toute seule et que ces feux du front collatéral qui doivent la détruire seront eux-mêmes efficacement ricochés ou contre-battus par l'assiégeant? Nous l'avons fait observer déjà, et M. le général ne répond pas à cette importante observation: non-seulement le tracé polygonal n'est pas à l'abri du ricochet ou de l'enfilade, mais il y est plus exposé que le tracé bastionné, parce que, dans ce dernier, la courtine du moins échappe au ricochet, tandis que, dans l'autre, ce long côté en ligne droite est on ne peut mieux disposé pour être ricoché avec avantage. On pourrait même souvent, si besoin était, ricocher le tracé polygonal du front d'attaque par les deux bouts, ce qui ne laisserait pas une seule pièce à l'abri, en dehors des traverses ou des casemates.

Ne sommes-nous pas en droit de conclure que le

tracé polygonal, pas plus que tout autre, ne peut mettre une place en état de lutter avec succès contre l'artillerie de l'attaque ? Nous ne craignons pas de le répéter , et bien que notre contradicteur dise (page 230) que les vieux ingénieurs qui raisonnent ainsi sont, non plus seulement d'un demi-siècle, mais de deux siècles en arrière, nous espérons que nos lecteurs seront de notre avis.

Le général nous accuse de donner, sous prétexte d'économie, un mauvais conseil au Gouvernement, en ne réclamant pour les places qu'un faible armement. Nous ne demandons pas un faible armement ; plus cet armement sera considérable, pourvu qu'il y ait des approvisionnements et des canonniers en proportion, plus l'assiégeant sera obligé d'augmenter lui-même ses moyens ; mais nous ne croyons pas qu'on puisse admettre, à beaucoup près, l'armement que propose M. de Blois, d'après les errements de Montalembert ; et les fixations modérées récemment adoptées par les commissions mixtes d'armement des places nous donnent raison sur ce point.

Casemates de Montalembert.

Le général ne conteste pas ce qu'il appelle la *destructibilité* par l'artillerie des murs de tête des casemates de Montalembert ; mais il dit que ces casemates, avant d'avoir été détruites, auront eu le temps de faire grand mal aux batteries de la parallèle. Nous répondrons que les assiégés, au contraire, y éprouveront bien plus de mal qu'ils n'en feront aux assiégeants. C'est un fait que l'on ne conteste plus aujourd'hui.

Casemates cuirassées.

M. de Blois ajoute qu'on pourra consolider ces casemates à l'aide de cuirasses en fer. Nous croyons, en effet, qu'on peut faire à la défense des places une application utile des masques ou cuirasses en fer, dont l'emploi a été admis pour les batteries des vaisseaux : on fait à ce sujet des essais qui méritent d'être encouragés. S'ils amènent un bon résultat, comme nous le désirons, ils donneront probablement, à nombre égal de pièces, l'avantage aux batteries de la place sur celles de l'attaque. Toutefois, cet avantage s'appliquera surtout à la lutte entre les batteries rappro-chées, celles des flancs avec les batteries de brèche et les contre-batteries, où l'assiégeant, sous un feu à petite distance, ne peut disposer que d'un espace très-restreint, tandis que dans la lutte qu'il engage avec ses batteries éloignées, il peut s'étendre à son gré sur tout le terrain qui enveloppe la place, ce qui lui permettra de concentrer le feu de plusieurs pièces sur chacune des pièces casematés de l'assiégé. Et il le fera d'autant plus facilement que celles-ci, attendu le prix élevé de leur construction, ne seront jamais en très-grand nombre, qu'elles auront un champ plus ou moins restreint et qu'elles seront difficiles à réparer.

Tir plongeant contre les escarpes.

Il y a lieu d'ailleurs de faire remarquer que l'emploi

des batteries cuirassées, comme celles des batteries casematées en général, s'appliquera à tous les systèmes de fortification. M. de Blois dit (page 223) qu'aucune partie de l'escarpe bastionnée, sauf celle de la courtine, n'est à l'abri des coups plongeants. Cela est vrai, et c'est à quoi on cherche à remédier depuis qu'on a constaté l'efficacité de ces coups pour la destruction des maçonneries ; mais cela n'empêche pas les fragiles maçonneries de la fortification polygonale d'être tout aussi exposées et par conséquent plus faciles à détruire que nos murailles terrassées.

Notre contradicteur insiste de nouveau (page 234) sur l'inconvénient du rétrécissement qui résulte pour les bastions de la position des flancs. Mais, nous l'avons dit, ce rétrécissement a l'avantage de faciliter l'établissement des retranchements intérieurs qu'on appuie aux flancs et aux courtines, et qui sont d'autant mieux assurés que les flancs et les courtines sont plus hors d'atteinte.

Opinion de Napoléon.

M. le général cite souvent l'opinion de l'empereur Napoléon, et c'est une autorité que nous sommes heureux de pouvoir invoquer aussi. C'est pourquoi nous ferons remarquer que ce grand homme de guerre, si supérieur en toutes choses, *le premier artilleur de notre siècle*, dit M. de Blois, qui veut bien ne placer Montalembert qu'*immédiatement après*, n'a jamais fait la moindre mention du tracé polygonal,

dans aucun des ordres nombreux et détaillés qu'il a
écrits ou dictés, en ce qui concerne les fortifications
des places. Cela seul ne prouve-t-il pas d'une manière irréfragable combien il faisait peu de cas des
inventions de M. de Montalembert, bien plus connu
alors qu'il ne l'est aujourd'hui ?

Utilité des flancs.

« La vraie place des flancs, dit notre contradic-
« teur, est bien celle que lui assigne Montalembert,
« au milieu du côté, c'est-à-dire à l'endroit le plus
« fort du front. »

Nous répétons, avec une entière conviction : la
vraie place des flancs est sur le corps de place lui-
même et non au dehors. — M. de Blois dit que les
bouches à feu en plein air, qui constituent l'armement
du flanc d'un bastion, seront toujours réduites au
silence avant le moment utile, par la quantité in-
nombrable de projectiles qui convergent de toutes
parts sur ce point. Ces pièces ne pourront, suivant
lui, être préservées par des traverses et des parados,
parce que les talus de ces abris transformeront la
batterie du flanc en un véritable entonnoir, dans
lequel rouleront et éclateront les projectiles. — A
quoi nous répondrons : qu'il est toujours assez difficile de faire parvenir des bombes juste sur le terre-
plein, assez peu étendu, des flancs, et qu'en outre,
il sera ordinairement possible d'établir au pied du
talus de la traverse parados, si elle ne laisse rien

subsister de l'évidement du bastion, une sorte de
fossé dans lequel les bombes et les autres projectiles
explosifs pourront rouler et éclater sans atteindre les
défenseurs de leurs éclats ; qu'enfin on pourra case-
mater ou blinder une partie des pièces du flanc. —
L'expérience d'ailleurs prouve, contrairement aux
assertions de M. le général, que l'assiégé parvient
souvent à conserver ou à remplacer, si elles sont
endommagées, les pièces des flancs ayant vue sur les
brèches du corps de place, et cela jusqu'à la dernière
période du siége, c'est-à-dire jusqu'à l'époque du tir
des contre-batteries. Autrement, on ne serait pas
obligé de chercher, ainsi qu'on ne manque pas de le
faire dans tous les projets d'attaque, à se procurer,
pour ces contre-batteries, un espace susceptible de
recevoir au moins autant de pièces que peut en porter
le flanc à contre-battre.

Exemple de la citadelle d'Anvers.

Ainsi, au siége de la citadelle d'Anvers, en 1832,
à l'époque du tir en brèche contre le bastion d'attaque, le flanc ayant vue sur la brèche, était encore
complétement armé et luttait avec la contre-batterie
opposée. A la vérité, les pièces étaient sous des blin-
dages à l'abri de la bombe.

Considérations sur les ouvrages et sur le siége de Sébastopol.

A la fin de son article du 15 novembre, M. le
général de Blois revient sur les fortifications de

Sébastopol, et cite quelques extraits d'un mémoire de
M. le général Todtleben (l'ingénieur de cette place),
détails assez peu importants qui se terminent par
cette observation de M. l'ingénieur russe : « Que le
« tracé et l'emplacement de quelques-uns de ces ou-
« vrages n'étaient pas avantageux, mais qu'il les avait
« trouvés en cours d'exécution, lors de son arrivée
« dans la place, et qu'il n'avait pu faire autrement
« que d'en tirer parti. » Cet ingénieur veut sans
doute donner à entendre par là qu'il aurait fait
mieux, s'il avait trouvé table rase, mais il ne dit pas
comment il aurait fait ; et nous ne pouvons donc
émettre aucune observation à ce sujet. M. Todtleben
dit en outre que l'artillerie assiégeante faisait de
grands ravages parmi les troupes russes, surtout
dans les bastions 3, 4 et 5 (grand redan, petit redan
et bastion central), parce que leur intérieur était
foudroyé par le feu des batteries de l'attaque. Or,
ces bastions occupant des points sur lesquels les attaques ont été dirigées dès le commencement du siége,
c'est sur eux que s'est concentré naturellement le feu
de nos batteries ; c'est pourquoi il n'est pas étonnant
que les Russes qui les occupaient aient eu beaucoup
à souffrir. Ils n'eussent pas moins souffert si ces saillants eussent été privés de flanquement, ce qui eût
augmenté de bien peu l'ouverture de leur angle, tout
en procurant à l'assiégeant plus de facilité pour les
assaillir.

Donnant ensuite des indications dont M. Todtleben s'est abstenu, M. le général de Blois dit qu'on

aurait pu supprimer les angles flanqués et les remplacer par des arcs de cercle ou des pans coupés. Nous répondrons que l'emploi d'arcs de cercle ou de pans coupés sur les plateaux étroits dont il s'agit, n'aurait pas empêché les assiégeants d'y concentrer le feu de leurs batteries. Il nous semble que les défenseurs ont mieux fait en pratiquant le long des faces de leurs bastions ou redans de nombreuses crémaillères, destinées à porter des feux en avant des saillants, sur les plateaux qu'ils avaient à défendre. Dans la fortification des places, ce qu'il serait sans doute désirable de faire, ce serait de *supprimer les saillants*, qui sont les points les plus vulnérables de la défense, et de tracer la fortification à peu près en ligne droite... Mais il faudrait pour cela qu'on ne fût pas obligé d'enceindre un espace trop limité, de tourner trop promptement, comme dans les petites et moyennes places. Il faudrait, en outre, que le terrain à fortifier ne se composât pas, comme à Sébastopol, de plateaux étroits séparés par de profondes dépressions, car alors il faut bien, par l'effet des nécessités du défilement, comme nous l'avons dit, présenter des saillants sur les plateaux.

Pans coupés des saillants.

Les ingénieurs français, aussi, font un fréquent usage des pans coupés, pour porter des feux directs en capitale, mais en conservant au tracé de l'escarpe les angles saillants nécessaires pour assurer le flanquement des fossés, et c'est ainsi que l'ont entendu

MM. Choumara et Prévost de Vernois. Nous ajouterons d'ailleurs que si les pans coupés ont des avantages, ils ont aussi leurs inconvénients, bien sentis
par les ingénieurs, et dont le principal est de faciliter
le défilement des tranchées, en réduisant la saillie et
par suite le commandement des crêtes de la place sur
la campagne.

Nouvelle attaque plus modérée contre les officiers du génie.

« Les officiers du génie qui ont pris part aux
« siéges de la guerre d'Espagne (dit M. le général
« de Blois, en terminant son article du 15 novem-
« bre) n'ont aucun besoin que l'on cherche à jus-
« tifier leur conduite. Il ne résulte point de nos
« paroles que l'*entière* responsabilité de nos désastres
« doive peser sur eux. Si leur manière d'opérer dans
« ces siéges n'a pas toujours été conforme aux judi-
« cieux conseils que donne Boussemard pour l'atta-
« que des vieilles enceintes. ...on ne saurait leur en
« faire un reproche... Ils ne connaissaient pas les
« ouvrages de cet ingénieur qui, sorti de France
« depuis 1792, avait été tué à Dantzig, dans le siége
« de 1807, en combattant contre son pays. C'est du
« fond du cœur que je paie un juste tribut d'admi-
« ration à ces ingénieurs aussi intelligents que bra-
« ves, qui arrosèrent si souvent de leur sang les
« approches des forteresses espagnoles. Mais en
« émettant l'opinion qu'ils n'ont pas toujours donné
« au problème de l'attaque des places la solution la
« mieux appropriée au cas exceptionnel où ils se

« trouvaient, je ne crois pas faire injure à leur mé-
« moire. On n'est pas en droit de leur reprocher de
« n'avoir pas agi conformément à un fait d'observa-
« tion sur lequel aucune explication ne leur avait
« été donnée... »

Nous constatons avec plaisir que M. le général de
Blois aujourd'hui rend hommage non-seulement à
la bravoure, mais encore à l'*intelligence* des officiers
du génie de la guerre d'Espagne. Ces explications
constituent déjà un progrès sur ses précédentes affir-
mations. Mais nous ne pouvons les trouver suffisantes.
Le général dit qu'il ne fait pas *peser sur eux l'entière*
responsabilité des désastres de cette guerre.—Nous
soutenons qu'on ne doit faire peser sur eux *aucune*
responsabilité à ce sujet. Ils ont attaqué les vieilles
enceintes comme il était possible de le faire, avec les
moyens dont ils disposaient, et le livre de M. de
Boussemard ne leur aurait rien appris à ce sujet. Cet
ingénieur transfuge n'avait aucune expérience quand
il a écrit son ouvrage, et ce n'est point un ouvrage
pratique ; il serait facile de le démontrer.

Prétendus progrès réalisés par la fortification polygonale.

M. le général de Blois termine son plaidoyer en
faveur de la fortification polygonale en disant, sans
raisons nouvelles (numéro du 15 décembre, pages
389 et 390), que cette combinaison constitue sur le
tracé bastionné un progrès égal à celui qui est résulté
de la préférence donnée aux bastions sur les an-
ciennes tours de la fortification. Or, cette comparai-

son, qui a donné occasion à notre auteur de faire
quelques plaisanteries sur les esprits timides et sta-
tionnaires, ne nous paraît pas heureuse. Les bastions,
en effet, ne sont autre chose que des tours assez
élargies pour pouvoir porter du canon avec des para-
pets en terre ; c'est la conséquence, pour ainsi dire,
de l'invention de l'artillerie et l'application, à l'emploi de cette nouvelle arme, de ce principe qui a toujours été admis : que les défenseurs d'un poste avaient
besoin d'éclairer facilement jusqu'au pied de leurs
murs tous les accès par lesquels leur ennemi pourrait arriver jusqu'à eux. Dans la fortification polygonale, au contraire, on renonce à cette faculté, en
portant les flancs dans un ouvrage extérieur. Ne
suffit-il pas d'énoncer cette différence entre les deux
systèmes pour en faire apprécier la valeur et pour
faire reconnaître que le tracé bastionné a pour lui
non-seulement l'ancienneté, mais encore la simpli-
cité et la logique ? Reste à discuter les dimensions et
les reliefs des différentes parties. Quant aux combinaisons de traverses, de batteries casematées, d'abris
voûtés, elles s'appliquent également à tous les systèmes. La difficulté, d'ailleurs, consiste moins dans les
combinaisons de lignes, que l'on peut faire varier sur
le papier de bien des manières, que dans l'application, l'appropriation de la fortification aux différentes
formes du terrain. C'est en cela proprement que
consiste l'art de l'ingénieur, et c'est dans cette voie
qu'ont excellé nos prédécesseurs immédiats, qui,
ayant fait la guerre plus que nous, ont pu d'autant

mieux éclairer la théorie par l'expérience et donner une base solide à leurs combinaisons. Loin d'étouffer, de comprimer les intelligences, nous l'avons dit déjà, ils ont toujours encouragé et stimulé les officiers capables et laborieux : aussi on pourrait trouver dans les archives du dépôt des fortifications toute espèce de combinaisons, fruits de leurs labeurs, et même la plupart de celles que MM. les ingénieurs étrangers ont fait successivement éclore plus tard. Il est vrai qu'elles sont restées inédites.

Retranchements d'armée.

« Je n'ai point été compris du critique, dit le gé-
« néral, quand il a cru pouvoir conclure de mes
« paroles que l'on devait éviter de couvrir les troupes
« par des retranchements. Les observations de M. le
« colonel Vauvilliers tendent seulement à prouver
« qu'il est dangereux pour une armée d'offrir ou
« d'accepter le combat, lorsqu'elle se trouve à proxi-
« mité d'une place *protégée par une enceinte continue*
« *sans forts détachés* (page 381). »

Il est cependant bien évident que M. de Blois sympathise avec M. le colonel Vauvilliers lorsqu'il insiste avec cet officier sur cette considération que sur 1284 batailles retranchées, il y en a eu 80 0/0 de perdues par les défenseurs des retranchements. Or, dans la plupart de ces batailles, croyons-nous, les armées n'étaient pas appuyées aux places. C'est donc aux retranchements de campagne que s'applique spécialement le raisonnement de M. le colonel Vauvilliers,

favorablement accueilli par M. le général de Blois.
Maintenant, cet officier général ne s'en prend plus
qu'aux places dépourvues de forts extérieurs. — Il est
bien évident effectivement que les places n'exercent
d'action et par conséquent de protection dans la campagne, un jour de bataille, que jusqu'à la portée de
leurs canons et que, par conséquent, celles qui ont
des forts extérieurs portent plus loin leur influence.
— Le général dit que si on veut contester les assertions de M. le colonel Vauvilliers, il faut opposer des
chiffres à des chiffres. Ce travail a été fait, et il a
prouvé que cet officier supérieur avait commis quelques exagérations ; mais la question principale n'est
pas là : ce sont moins les faits qui sont contestables
que les conséquences qu'on prétend en tirer. Ce n'est
pas à *cause des retranchements*, mais *malgré leur protection* que les armées faibles ou découragées qui se sont
retranchées ont souvent été battues. Sans la ressource
des retranchements elles n'auraient pas essayé d'ar-
rêter leur ennemi (1). — Napoléon a dit dans ses

(1) M. le général de Blois, dans son ouvrage, cite la bataille de
Sadowa au nombre de celles qui ont été perdues sous l'influence
des places fortes. Or, à cette bataille, la partie de l'armée autrichienne la plus rapprochée de la forteresse de Konigsgraets en
était à 4 kil. de distance, et le gros de l'action s'est passé à 10 ou
11 kil. Les relations prussiennes disent que le roi de Prusse
s'avança jusque sous le canon de la forteresse où la plus grande
partie de l'armée battue passa l'Elbe. — Ainsi la place de Konigs
graets était trop éloignée de l'armée autrichienne pour lui être
utile pendant l'action, mais elle a rendu sa retraite moins désas-
treuse.

Mémoires que les retranchements de campagne avaient besoin d'être perfectionnés. C'est assez montrer l'importance qu'il y attachait. Cette importance ne peut que s'accroître encore aujourd'hui, car en raison de la portée et de la précision des armes à feu, il devient d'autant plus nécessaire de soustraire les troupes aux vues de l'ennemi, aussi longtemps que possible, soit en profitant des formes du terrain, soit en faisant usage de moyens artificiels (1).

M. le général fait une espèce d'historique des rapports qui ont eu lieu entre les deux comités de l'artillerie et du génie, après les guerres de l'Empire, c'est-à-dire à l'époque de la Restauration. Il dit que ces comités commencèrent par manifester l'un contre l'autre des sentiments non équivoques de jalousie et de rivalité, mais que bientôt l'action du temps apaisa les passions haineuses et que la concorde finit par régner entre les deux services.

Nous ne croyons pas que les relations des deux comités aient jamais été *haineuses*, même au commencement de la Restauration. Elles ne pouvaient pas

---

(1) « Les principes de la fortification de campagne ont besoin « d'être améliorés... Il faut encourager les ingénieurs à les perfec- « tionner, à porter cette partie de leur art au niveau des autres... « Officiers et soldats ont de la répugnance à manier la pioche et la « pelle : ils font écho et répètent à l'envi : les fortifications de « campagne sont plus nuisibles qu'utiles... La victoire est à celui « qui marche, avance, manœuvre : il ne faut pas travailler ; la « guerre n'impose-t-elle pas assez de fatigues ? discours flatteurs « et cependant méprisables. » (*Mémoires de Napoléon*, t. 7, page 93.)

l'être, parce que ces comités se composaient l'un et
l'autre d'officiers distingués qui, à défaut de la cama-
raderie d'école, avaient celle des batailles et des
siéges, et avaient appris à se connaître et à s'estimer
sous le feu de l'ennemi.

Le général ajoute que l'esprit nouveau d'union, de
progrès et de liberté s'est fait jour au sein du comité
des fortifications, et il en trouve la preuve dans ces
trois faits : 1° la nomination d'une commission chargée de reviser les programmes de l'enseignement;
2° le projet arrêté de la construction de forts détachés autour de quelques-unes de nos grandes places :
3° la publication par un des membres du comité des
fortifications d'un ouvrage où les effets de l'artillerie
sont mieux appréciés que par le passé. — C'est déjà
quelque chose que M. le général de Blois rende justice aux officiers du génie actuels; cela nous semble
une sorte d'amende honorable dont on ne peut que
lui savoir gré, mais il eût mieux fait encore de ne pas
être injuste envers leurs prédécesseurs ; car c'est avec
satisfaction, avec fierté, que nous pouvons porter nos
regards en arrière jusqu'à deux cents ans de distance.
Tout d'abord et au-dessus de tous, apparaît la grande
figure de Vauban, l'honneur, la gloire et le modèle
des officiers du génie français. Viennent ensuite nos
ingénieurs du xviiie siècle, qui, sans s'élever aussi
haut, ne pouvaient manquer de se signaler, les yeux
fixés sur leur illustre maître. Aussi se firent-ils remarquer dans tous les siéges de leur temps, notam-
ment dans ceux de la guerre de Flandres, de 1741 à

1748, sous les ordres du maréchal de Saxe, où ils firent preuve d'autant d'habileté que de bravoure. Enfin, les guerres de la République et de l'Empire, les siéges d'Espagne surtout, portèrent au plus haut degré la réputation depuis si longtemps établie des ingénieurs français. C'est parmi ceux qui avaient pris part à ces grandes guerres ou parmi leurs disciples (ces officiers précisément qui, suivant M. de Blois, sont restés en arrière de cinquante ans au moins) que le corps du génie a eu l'insigne honneur de compter en peu d'années trois maréchaux de France, dont deux ministres de la guerre.

M. le général de Blois demande de nouveau, en terminant, la réunion des deux corps de l'artillerie et du génie. Cette réunion, qui paraît approuvée par quelques bons esprits, aurait sans doute l'avantage, indiqué par M. le général, de composer un ensemble puissant et susceptible d'une grande influence. Elle aurait aussi, pour les officiers du génie en particulier, celui de les soustraire aux attaques incessantes dont ils sont l'objet, par suite de la nature de leurs fonctions. Mais n'est-ce pas l'avantage du pays qu'il faut chercher avant tout ? et l'on peut bien craindre qu'il ne se trouve pas dans une mesure si opposée à ce principe de la division du travail qui veut que l'on traite séparément les différentes branches de nos connaissances, dans les arts surtout, afin d'obtenir ces spécialités qui sont nécessaires pour leur perfectionnement, et qui semblent devenir de plus en plus rares aujourd'hui. — Les ingénieurs et les artilleurs ont déjà tant à apprendre, tant à perfectionner dans leurs services respectifs ! et n'est-ce pas le cas de rappeler ici le vieux proverbe : qui trop embrasse mal étreint?

Il semble qu'au lieu d'opérer la fusion des deux armes de l'artillerie et du génie, on est entré dans une meilleure voie, qui avait été indiquée d'ailleurs depuis longtemps par la réunion à Metz des deux écoles, en assurant de plus en plus leur bon accord, et en faisant traiter celles des questions relatives aux fortifications des places qui intéressent spécialement l'artillerie, par des commissions mixtes composées d'officiers appartenant à chacun des deux services.

Conclusion.

Nous avons montré que les siéges par bombardement ne seront pas plus usités dans l'avenir que par le passé, et que la fortification dite polygonale est bien loin d'avoir la supériorité que M. le général de Blois lui attribue. Nous avons réfuté les accusations portées contre le corps du génie, contre ses doctrines, contre ses anciens officiers. La tâche que nous nous étions proposée est remplie.

FIN.